NATIONAL GEOGRAPHIC

Peldaños

EL GENIO DE LA NATURALEZA

T0068593

Imitar la naturaleza

por Nancy Woodman

¿Cómo podrías nadar tan rápido como un tiburón o encontrar suficiente agua para beber en el desierto? Los seres vivos, u **organismos,** tienen las respuestas a estas preguntas y más. Los organismos tienen características sorprendentes y efectivas que los ayudan a sobrevivir.

Los científicos, los **ingenieros** y otros profesionales estudian la naturaleza con un objetivo en mente. Quieren **imitar,** o copiar, a la naturaleza para resolver problemas. Cuando se intenta resolver un problema, preguntan: "¿Cómo lo haría la naturaleza?".

¿Qué problemas deben resolverse y dónde se encuentran las soluciones? ¡Sigue leyendo para descubrirlo!

Dentículos dérmicos (ampliados)

Este nadador usa un traje de baño que imita la piel de un tiburón.

¿Nadar como tiburón?

Los atletas querían trajes de baño que les permitieran nadar más rápido, entonces obtuvieron la ayuda de los investigadores que estudian a los tiburones. Los investigadores descubrieron que la piel del tiburón está formada por escamas que se interconectan, llamadas *dentículos dérmicos*. Esta piel poco común permite a los tiburones nadar más rápido que la mayoría de los demás peces.

Entonces crearon trajes de baño que imitan la piel del tiburón. ¿El resultado? En los Juegos Olímpicos de 2000, los nadadores que usaron el traje de baño ganaron muchas medallas. También rompieron muchos récords mundiales. En la actualidad, los trajes de baño están prohibidos en los Juegos Olímpicos porque los nadadores que los usan tienen una ventaja poco justa.

¿Un tren con pico?

El tren bala Shinkansen de Japón es uno de los trenes más veloces del mundo. Los ingenieros que lo diseñaron se enfrentaban a un problema. Cuando el tren salía de un túnel, producía un ruido muy estridente. Este sonido podía dañar los oídos, por lo tanto, los ingenieros buscaron una solución en la naturaleza.

El equipo estudió la manera en la que se sumerge el martín pescador en el agua, con el pico por delante. El ave no produce salpicaduras cuando pasa de un medio ambiente (el aire) a otro medio ambiente (el agua). El tren bala también cambiaba de medio ambiente (del túnel al espacio abierto). Por lo tanto, el equipo **diseñó** la parte delantera del tren para imitar la forma del pico de un martín pescador. ¿El resultado? El tren era silencioso y más **eficiente,** pues requería menos energía para funcionar. El equipo resolvió un problema imitando la naturaleza.

Martín pescador

¿Beber del aire del desierto?

El escarabajo negro vive en todos los continentes. Un tipo de escarabajo negro vive en el desierto del Namib de África. Pocos animales pueden sobrevivir en este lugar árido. Aunque la superficie del desierto está completamente seca, el aire de la mañana puede ser neblinoso. Este escarabajo, apodado escarabajo de Namibia, puede recolectar el agua de la niebla.

El desierto del Namib está junto a la costa atlántica de África. Como el aire fresco del océano sopla hacia la tierra firme, se forma niebla. Para beber, el escarabajo trepa a una duna de arena, ¡y se para de cabeza! Como el escarabajo se inclina de cabeza a la niebla, puede recolectar agua en su espalda. La espalda del escarabajo está cubierta con pequeños surcos que dirigen las gotas de agua hacia su boca. ¡Glup!

El escarabajo inspiró a los científicos y a los ingenieros para inventar una manera de capturar el agua del aire. Su invento se parece a una nave espacial extraterrestre y se llama Banco de Rocío. ¿Cómo funciona? El Banco de Rocío está hecho de metal. Se lo deja toda la noche afuera y a la mañana siguiente el metal se enfría más que el aire que lo rodea. Como resultado, el vapor de agua del aire se **condensa** en el domo de metal. Esta agua se llama rocío. Las gotas de rocío bajan al tubo. Aunque el Banco de Rocío puede recolectar un solo vaso de agua por día, esto puede ser una gran diferencia para quienes viven en el desierto.

Banco de Rocío

Domo
El agua del aire se condensa en el domo metálico fresco. Esta agua se llama rocío.

Surcos
Los surcos de la superficie del domo aumentan el área donde puede recolectarse el rocío. También dirigen el rocío al tubo.

Tubo
El rocío gotea a través de una brecha angosta. Se almacena dentro del tubo.

Tapa
Se quita la tapa y luego se bebe el agua.

Escarabajo de Namibia

Dentro de un montículo de termitas

Las flechas muestran cómo puede fluir el aire dentro de un montículo de termitas. El aire fresco ingresa a través de los conductos de ventilación y fluye hacia abajo. El aire cálido se eleva. El aire cálido puede salir del montículo a través de la chimenea o mezclarse con el aire fresco.

Chimenea

Canal

Conducto de ventilación

Nido

Huertos de hongos

¿Vivir como una termita?

Las termitas de África viven en montículos altos en el desierto. Comen hongos que cultivan dentro de sus montículos. Los hongos necesitan una temperatura constante, pero la temperatura del desierto varía. Es calurosa durante el día y fría de noche. ¿Cómo permanecen a la temperatura correcta los montículos de termitas?

Los montículos de termitas tienen un sistema de ventilación. El aire de afuera puede fluir a través de diferentes canales. Al abrir y cerrar los conductos de ventilación durante el día, las termitas regulan la temperatura dentro del montículo. Las termitas crean nuevos conductos de ventilación y los conectan con los viejos cuando es necesario.

Los arquitectos y los ingenieros imitaron la tecnología de las termitas cuando diseñaron y construyeron el Eastgate Center en Zimbabue, África. El edificio tiene un sistema de ventilación parecido al de las termitas. ¿El resultado? El Eastgate Center consume menos energía que la mayoría de los edificios de su tamaño, ¡y no necesita aire acondicionado!

Dentro del Eastgate Center

Ventiladores ayudan a desplazar el aire del atrio a espacios huecos en el piso de cada oficina. El aire se calienta durante el día. Se eleva y sale del edificio por chimeneas. Losas de cemento en la pared exterior dan sombra y absorben el calor.

Eastgate Center

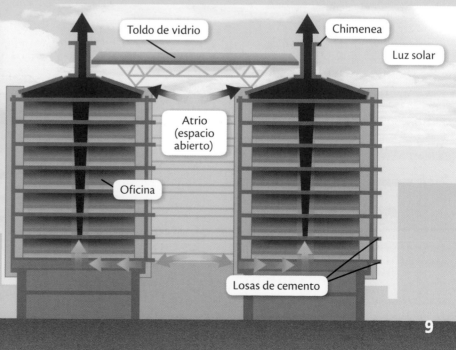

Toldo de vidrio

Chimenea

Luz solar

Atrio (espacio abierto)

Oficina

Losas de cemento

9

Los bordes dentados hacen que las aspas de estas turbinas de viento sean más silenciosas. Los dientes también permiten que las aspas giren con más eficiencia.

¿Ballenas en el cielo?

Las ballenas jorobadas son increíbles por muchas razones, y esta es una más. Un científico observó que la parte delantera de la aleta de las ballenas jorobadas es dentada. Pensó que eso era extraño. ¿Una ballena no nadaría con más eficiencia si tuviera aletas suaves en lugar de dentadas? Entonces estudió la aleta dentada. Descubrió que las protuberancias de la aleta ayudan a la ballena a moverse con mayor fuerza cuando hace giros cerrados.

La forma de las aletas de la ballena inspiró unas aspas más eficientes y silenciosas para las turbinas de viento. También se trabaja en planos de ventiladores y aviones más eficientes que imiten la forma de la aleta de una ballena. Aviones y ventiladores que funcionen con más eficiencia podrían ayudar a ahorrar energía y dinero.

Por lo tanto, la próxima vez que enfrentes un problema que debas resolver, sal y observa el genio de la naturaleza. ¿Cómo lo haría la naturaleza? ¿Y qué tipo de invento se te ocurriría?

Compruébalo ¿Qué problemas se han solucionado estudiando a la naturaleza?

¡Jardines de lluvia al rescate!

por Nancy Woodman

El problema

Si vives en una ciudad o un pueblo, probablemente has observado que gran parte del terreno está cubierto de calles u otras superficies. Puedes caminar todo el día sin pararte sobre césped o tierra. Cuando llueve, las superficies duras no pueden absorber el agua de lluvia. En cambio, el agua fluye libremente como **escorrentía.** La escorrentía acumula contaminantes, como el aceite de los carros. La mayor parte de la escorrentía sucia fluye en las alcantarillas de desagüe pluvial, que la vierten en lagos, ríos y el océano. Demasiada escorrentía es una fuente importante de contaminación del agua.

La escorrentía es la mayor causa de los problemas de la calidad del agua en los Estados Unidos; esto según la Agencia de Protección Ambiental de los EE. UU.

La solución

Un jardín de lluvia está **diseñado** para reducir la escorrentía. Estudios de **ingenieros** que trabajan con el agua, el suelo y el medio ambiente muestran que los jardines de lluvia también reducen la contaminación del agua. Un jardín de lluvia es un jardín bajo que se cava en el suelo. Atrapa, absorbe y limpia la escorrentía. El diagrama muestra cómo funciona un jardín de lluvia.

Un jardín de lluvia **imita** el medio ambiente natural. En un área natural, el agua de lluvia que no se evapora puede penetrar en el suelo. Gotea a través de capas de suelo o la absorben las raíces de las plantas. Un jardín de lluvia funciona de la misma manera.

Cómo funciona un jardín de lluvia

Plantas
La escorrentía fluye hacia el jardín de lluvia con forma de tazón. Las plantas desaceleran el agua y **filtran,** o quitan, algunos contaminantes.

Pavimento

Capa de mantillo
El agua se acumula en el jardín de lluvia. El mantillo son trozos de hojas, cortezas u otra materia vegetal. Los organismos del mantillo ayudan a descomponer los contaminantes.

Capa de suelo
Esta capa absorbe el agua y filtra los contaminantes. Pueden agregarse materiales como arena y abono orgánico para absorber más agua. Las raíces también absorben agua y filtran, o quitan, los contaminantes.

Puedes construir un jardín de lluvia para mantener limpia el agua. El agua limpia es apta para los seres vivos de los océanos, los ríos y los lagos. ¡También es apta para ti! El agua que bebes, con la que cocinas y te bañas puede provenir de un río o un lago. Cuando la escorrentía va a parar a los jardines de lluvia en lugar de las alcantarillas, entonces menos contaminación va a parar a ríos y lagos. Eso ayuda a mantener limpia el agua que usamos todos los días.

En los Estados Unidos, noventa millones de personas obtienen agua de **acuíferos.** Un acuífero es una capa de roca, arena u otros materiales que están debajo de la superficie de la Tierra y donde se acumula agua. Muchos acuíferos se están quedando sin agua. Un jardín de lluvia ayuda a volver a llenar los acuíferos cada vez que llueve. El agua que queda atrapada en un jardín de lluvia pasa por las raíces de las plantas, el suelo y la roca, que filtran, o quitan, los contaminantes del agua. Esta agua filtrada puede llegar a un acuífero.

Hay muchas buenas razones para construir un jardín de lluvia. Un jardín de lluvia ayuda a proteger el suministro de agua, previene las inundaciones y embellece el mundo. Ya sea que tu agua provenga de un lugar sobre la tierra o debajo de ella, construir un jardín de lluvia ayudará a mantener tu suministro de agua limpio y abundante. ¡Este sí que es un pensamiento refrescante!

Compruébalo ¿Cómo ayuda un jardín de lluvia a mantener limpia el agua?

BIOBOTS

por Jennifer Boudart

Una nueva generación de robots está mudándose de las fábricas y los talleres al mundo real. Realizan trabajos que son muy difíciles o peligrosos para los humanos. Muchos de estos robots parecen provenir del zoológico. Eso se debe a que los **ingenieros** están recurriendo a la naturaleza para **diseñar** los robots, o "biobots". *Bio* significa "vida", y los biobots parecen estar vivos. Los ingenieros estudian a los animales. Luego diseñan los biobots que **imitan** los movimientos de los animales. Los biobots se arrastran, saltan, corren, nadan y vuelan. ¡Ahora veamos algunos biobots!

Stickybot usa una docena de motores para imitar la locomoción de un geco. Incluso puede rotar sus patas traseras para escalar cabeza abajo.

¡STICKYBOT ESCALA PAREDES!

El geco puede escalar paredes con facilidad. ¿Cuál es el secreto detrás de la **locomoción** de este lagarto? Millones de pelos diminutos ramificados debajo de cada dedo. Estos pelos presionan hacia abajo para aferrarse a superficies, lo que hace que los dedos se "peguen".

El peso del cuerpo colgante del geco tira los pelos hacia abajo y produce la acción de agarre. Cuando el geco levanta la pata, los pelos liberan el agarre. Eso es porque se ha quitado su peso. Stickybot se parece mucho a un geco. Y como el geco, los dedos de Stickybot están recubiertos con millones de pelos diminutos. Este biobot trepa hacia arriba y hacia abajo en superficies de vidrio y metal.

Pata de Stickybot

Pata de geco

Stickybot

- Bioinspiración: geco
- Locomoción: trepar
- Misión: patrulla militar, búsqueda y rescate, inspección de edificios

MICROMOSCA
¡CABE EN LA
PUNTA DE UN DEDO!

Micromosca

- **Bioinspiración: moscarda**
- **Locomoción: volar**
- **Misión: patrulla militar, búsqueda y rescate, investigación medio ambiental**

La micromosca es un biobot que imita a un insecto que vuela. ¡Es tan pequeña que cabe en la punta del dedo! La micromosca fue diseñada por un equipo de ingenieros. Estudiaron los músculos y las alas de la moscarda para saber qué hace que vuele como una experta. Para construir la micromosca, los ingenieros tuvieron que inventar partes suficientemente pequeñas y livianas para que despegara. Su esqueleto se construyó bajo un microscopio. Músculos mecánicos diminutos llamados **servomotores** hacen funcionar sus alas. Este biobot vuela, pero los ingenieros trabajan para mejorar su control.

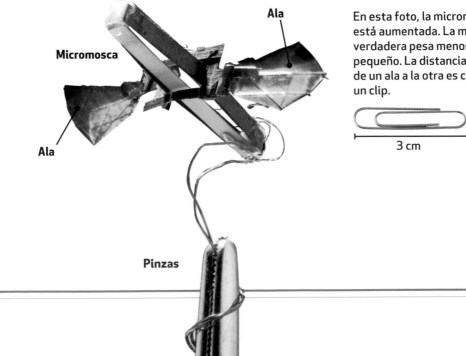

Ala

Micromosca

Ala

Pinzas

En esta foto, la micromosca está aumentada. La micromosca verdadera pesa menos que un clip pequeño. La distancia del extremo de un ala a la otra es casi del largo de un clip.

3 cm

Roboabeja

- **Bioinspiración:** abeja
- **Locomoción:** volar
- **Misión:** patrulla militar, búsqueda y rescate, investigación medio ambiental, polinización de cultivos

¡ROBOABEJAS AL RESCATE!

Cerebro
El "cerebro" procesa la información que proviene de los sensores. Algunos de los sensores están en los "ojos" de la roboabeja.

Ala

Servomotor
El servomotor es el "músculo" que mueve las alas.

Las roboabejas aún no existen. Los ingenieros trabajan mucho para diseñar roboabejas que vuelen, trabajen y se comuniquen como abejas. Las abejas de verdad polinizan los cultivos de los que dependemos para alimentarnos. Sin embargo, una misteriosa enfermedad ha estado matando a las abejas. Si las abejas escasean, las roboabejas pueden ayudar a polinizar los cultivos. Usarían sus patas para recolectar y esparcir el polen. También pueden reunir y compartir información. Pueden usar cámaras, minicomputadoras y **sensores** que detectan luz, movimiento y otros objetos.

SALTADOR URBANO DE PRECISIÓN
¡SALTA SOBRE LOS
EDIFICIOS!

El saltador urbano de precisión parece una caja de zapatos con ruedas, pero cuando los sensores de este robot detectan un obstáculo alto, se pone en acción. El combustible explota dentro de su motor y hace que una barra de metal golpee el suelo que está debajo del robot. Como una pata poderosa, la barra empuja hacia abajo para lanzar al saltador 7 metros (23 pies) por el aire. Aterriza con un rebote y corrige el curso con su sistema de posicionamiento global. Luego sigue rodando. Este biobot se inspiró en los saltamontes. El saltador urbano de precisión quizá se use algún día para explorar Marte o la Luna.

Un científico muestra orgullosamente una primera versión del saltador. Puede saltar casi dos pisos.

Ruedas

Ruedas anchas ayudan al saltador a desplazarse sobre superficies irregulares.

Barra

La barra se mueve y luego empuja al saltador por el aire.

Cuerpo

El cuerpo robusto resiste caídas desde lo alto.

Saltador urbano de precisión

- Bioinspiración: saltamontes
- Locomoción: rodar, saltar
- Misión: patrulla militar, búsqueda y rescate, exploración espacial

Robolangosta

- **Bioinspiración: langosta**
- **Locomoción: arrastrarse**
- **Misión: localización de explosivos, seguimiento de contaminación, investigación de la vida marina**

Patas

Patas ágiles ayudan a la robolangosta a esquivar obstáculos.

Sensores

La robolangosta tiene sensores de vista, olfato y sonido. Los sensores detectan sustancias químicas, metales y objetos explosivos.

¡LA ROBOLANGOSTA ES UNA SUPEROLFATEADORA!

Pilas

Las pilas del cuerpo de la robolangosta le suministran energía.

Una langosta puede arrastrarse en el lecho marino a través de las olas, las corrientes y el agua turbia. Tiene muchas patas y sus antenas perceptivas pueden oler alimentos que nadie ve. El biobot llamado robolangosta se parece a la verdadera. Tiene una coraza de plástico, una cola robusta y muchas patas. Sus antenas detectan sustancias químicas. Quizá algún día estos biobots detecten la contaminación o minas subacuáticas peligrosas.

Las robolangostas miden casi 60 centímetros (alrededor de 2 pies) de largo. Pesan casi 3 kilogramos (alrededor de 7 libras).

¡LOS ROBOPECES

SIGUEN AL

LÍDER!

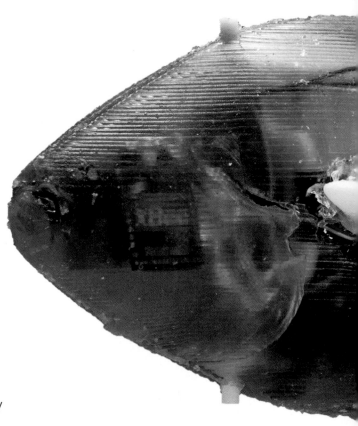

Robopez

- **Bioinspiración: pez**
- **Locomoción: nadar**
- **Misión: investigación marina, protección de la vida marina**

Nadar en cardúmenes ayuda a los peces a sobrevivir. Cada pez de un cardumen nada cerca de sus pares. Siguen sus movimientos con la vista y los sentidos. Cuando un pez cambia de dirección, todo el cardumen lo sigue. Esto ayuda a los peces a escapar del peligro o a hallar alimento.

Un robopez imita a un pez que nada. Las pruebas de los ingenieros han mostrado que los peces tratan a los robopeces como si fueran de verdad. Los ingenieros esperan que los robopeces logren que los cardúmenes los sigan. Así podrán alejar a los peces de los derrames de petróleo, maquinarias subacuáticas y otros peligros.

Los robopeces funcionan con pilas. Se los guía a control remoto.

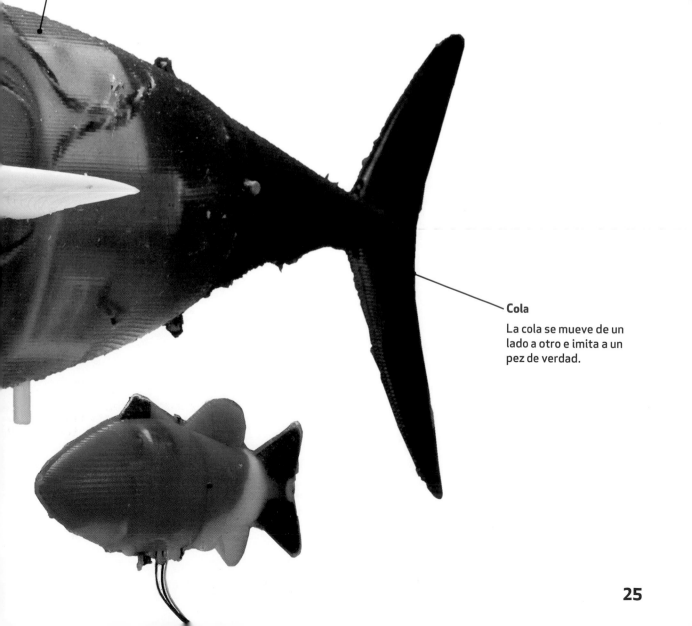

Cobertura

La cobertura es flexible y a prueba de agua.

Cola

La cola se mueve de un lado a otro e imita a un pez de verdad.

¡LA MODSERPIENTE PUEDE REPTAR Y BUSCAR!

Las serpientes tienen una forma especial de locomoción. Músculos poderosos y suaves escamas las ayudan a reptar y deslizarse. Las serpientes han inspirado un grupo de biobots llamados modserpientes. Tío Sam es una modserpiente ágil. Puede contonearse, deslizarse por tuberías, rodar como un aro y trepar un árbol.

La cabeza de Tío Sam tiene una cámara y una linterna. Su cuerpo es una cadena de partes conectadas como los vagones de un tren. Cada parte tiene sensores y servomotores que sienten el suelo y controlan el movimiento.

Los ingenieros esperan que las modserpientes puedan usarse en misiones de búsqueda y rescate. Las modserpientes pueden ayudar a encontrar y rescatar a víctimas en un edificio colapsado. También pueden usarse para inspeccionar lugares muy pequeños o peligrosos para los humanos.

Modserpiente

- **Bioinspiración: serpiente**
- **Locomoción: reptar, rodar y trepar**
- **Misión: patrulla militar, búsqueda y rescate, inspección**

Cabeza

La cabeza de la modserpiente tiene una cámara y una linterna incorporadas. Quizá se agregue un parlante y un micrófono. Así, la modserpiente podría entregar mensajes en misiones de búsqueda y rescate.

Eslabones

El cuerpo está hecho de eslabones. Pueden agregarse eslabones para hacer que el cuerpo sea más largo. Pueden quitarse para repararse.

Esta modserpiente roja, blanca y azul se llama "Tío Sam".

¡BIGDOG LLEVA CARGAS PESADAS!

Los ingenieros también estudiaron la locomoción de los animales cuadrúpedos. Entonces diseñaron un biobot llamado BigDog. BigDog se diseñó para transportar cargas pesadas. Su cuerpo alberga un tanque de gasolina, motores, un sistema computarizado y sensores que evitan que tropiece. En estos momentos se desarrolla una nueva versión de BigDog, llamada LS3. Se parecerá a BigDog, pero será más fuerte y tendrá un consumo de combustible más eficiente. ¡Quizá incluso pueda mirar a un adiestrador humano y obedecer órdenes simples!

BigDog

- **Bioinspiración: cabra, caballo, perro**
- **Locomoción: caminar, trotar**
- **Misión: transporte de suministros militares**

Resortes, articulaciones y muchas otras partes permiten que BigDog se mueva.

Guepardo

- **Bioinspiración: guepardo**
- **Locomoción: correr**
- **Misión: combate militar, respuesta en emergencias**

¡EL GUEPARDO SOBREPASA A LOS HUMANOS!

El guepardo es el animal terrestre más rápido del mundo. El cuerpo del guepardo está construido para moverse y girar rápido. Los guepardos son la inspiración detrás de un biobot que tiene el mismo nombre. Este biobot está en desarrollo en la actualidad. Se parecerá mucho al verdadero. Se espera que el robot guepardo pueda correr más rápido que los humanos. Podrá detenerse rápidamente y hacer giros cerrados.

Esta imagen muestra características que imitan a un guepardo de verdad, como las articulaciones, los ojos y las orejas.

29

¡ISPRAWL
SE MUEVE COMO UNA
CUCARACHA!

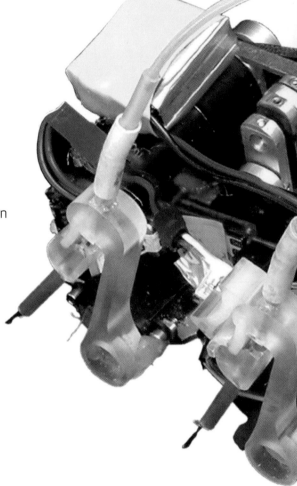

Las cucarachas también son rápidas. ¡Estos insectos pueden correr hasta 50 cuerpos por segundo! Su locomoción puede describirse como correr. Sin embargo, sus patas realizan una combinación complicada de empujar, halar y balancearse para impulsar al insecto hacia adelante. Los ingenieros estudiaron la locomoción de la cucaracha para diseñar robots del tamaño de la mano que se desplazan velozmente. Uno de estos robots se llama iSprawl. El iSprawl funciona con pilas y se opera por control remoto. Imita el correteo de una cucaracha. El iSprawl puede moverse más de 2 metros (aproximadamente 6 pies y 1/2) por segundo.

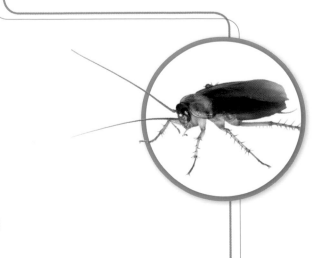

Sprawl

- **Bioinspiración: cucaracha**
- **Locomoción: correr**
- **Misión: patrulla militar, investigación medio ambiental, búsqueda y rescate, exploración espacial**

iSprawl puede dar rápidos saltos sobre obstáculos tan altos como una mesa.

Los ingenieros estudian la naturaleza para mejorar la tecnología. Es sabio imitar lo que ya funciona en la naturaleza. ¡Con tantas formas de vida de las cuales aprender, las posibilidades de los biobots son casi infinitas!

Compruébalo ¿Qué biobot te parece más útil? ¿Por qué?

Comenta — Explicar ideas, problemas y soluciones

1. ¿Sobre qué tratan las tres lecturas de este libro?

2. ¿De dónde obtienen las ideas los científicos para hacer las cosas que se describen en este libro?

3. ¿Qué problema ayuda a resolver un jardín de lluvia? Compáralo con un problema que resuelve un invento de "Imitar la naturaleza".

4. Compara "Imitar la naturaleza" y "Biobots". ¿En qué se parecen y en qué se diferencian los inventos que se describen en estas dos lecturas?

5. Piensa en lo que leíste en *El genio de la naturaleza*. ¿Qué preguntas te sigues haciendo? ¿Qué más te gustaría saber?